Título original: *En Tupi va al mercat*
© del texto y de la ilustración, Mercè Arànega, 2007
*Dirección editorial del proyecto:* Reina Duarte
*Diseño de cubiertas:* Francesc Sala
*Traducción y adaptación:* Reina Duarte

© Ed. cast.: edebé, 2007
Paseo de San Juan Bosco, 62
08017 Barcelona
www.edebe.com

Atención al cliente 902 44 44 41
contacta@edebe.net

3.ª edición

ISBN 978-84-236-8700-8
Depósito Legal: B. 28969-2010
Impreso en España
Printed in Spain

Cualquier forma de reproducción, distribución, comunicación pública o transformación de esta obra solo puede ser realizada con la autorización de sus titulares, salvo excepción prevista por la ley. Diríjase a CEDRO (Centro Español de Derechos Reprográficos) si necesita fotocopiar o escanear algún fragmento de esta obra (www.conlicencia.com; 91 702 19 70 / 93 272 04 45).

# TUPI
## va al mercado

Mercè Aránega

edebé

TUPI va a 🏠 de LILA.

LILA ha convidado a TUPI a comer 🍪.

 es la prima de  y una buena

. Prepara un  delicioso, unos

 buenísimos y las mejores  del

.

—Hola, [Lila] —saluda [Tupi] cuando llega—.

¿Puedo ayudarte a preparar las [galletas]?

—Claro —dice [Lila]—. Ponte el [delantal] y ve a la [nevera] a buscar un [huevo].

 abre la 🧊 y dentro ve una 🍍, 🍌, 🍨🍨..., pero ni un solo 🥚.

—No hay ningún . ¿Qué hacemos? —pregunta .

—Iremos a comprar uno —dice .

 y  se quitan el .

Cogen una  y , y van a comprar al mercado.

—Mira, 🐰LILA, allá venden 🍈 y 🍉.

Me encantan, voy allí a comprar —propone 🐰TUPI.

—Vale. Mientras, yo voy a comprar el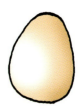

para las . Nos vemos en el puesto del

de aquí a un rato, —dice

 es bajito, y la pila de  y

 es muy alta.

 coge un  de debajo de la

montaña y...

Los  y las  ruedan por

tierra. Un  cae en la  de

y le hace un chichón.

—¿Qué ha pasado? —pregunta el , que ve a en el suelo.

El coge el y llama a una .

Cuando llega la , ponen a  en una  y lo llevan al .

, que ignora lo ocurrido, compra el

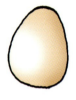 y también compra ,  y

 para una .

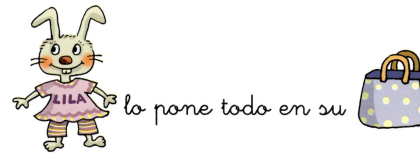 lo pone todo en su  y pasea por

el mercado.

Mientras, la  en la que va

llega al  .

El , con el , ausculta a

por delante y detrás. Le mira la  y ve el

chichón.

, asustado, pregunta al :

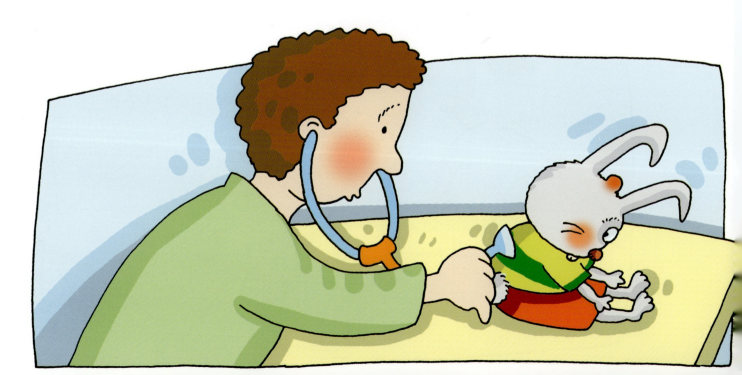

—¿Me pondrán una  ?

—¡Qué va! Nuestra  te limpiará el chichón con  y te pondrá una 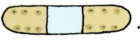 .

—, ya estás curado y te puedes ir —dice el .

 sale del  y va a buscar a , pero no recuerda dónde está el puesto del 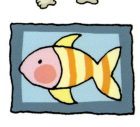.  pregunta a la  que vende :

—Por favor, ¿sabe dónde está el puesto del ?

La  que vende y responde:

—No sé, pregúntalo en el puesto de la .

—Gracias —dice .

A  le duele el chichón de la  y quiere encontrar a  y comer sus .

—Por favor, ¿sabe dónde está el puesto del  ?

—le pregunta  al  que vende  .

—Sí, está junto al puesto de las  .

—Gracias —dice, contento,  .

 ya hace rato que espera a

en el puesto del  .

—, ¿qué te ha pasado? —pregunta  al ver la  en la  de .

—Los  me han hecho un chichón. He ido en 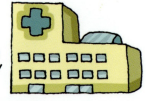 al . Pero vamos, , a preparar la  y las , que te contaré mi aventura.

Y  contado, ¡el chichón de  se ha curado!

# Vocabulario (por orden de aparición)

 Tupi

 casa

 Lila

 croquetas

 cocinera

 flan

 macarrones

 mundo

 delantal

 nevera

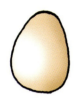 huevo

 dinero

 piña

 melones

 salchichas

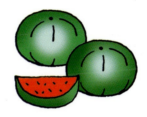 sandías

 yogures

 pescado

 bolsa

 cabeza

 vendedor

 aceitunas

 teléfono

 pimientos

 ambulancia

 cebollas

 camilla

 ensalada

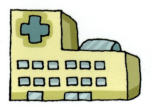 hospital

 médico

 fonendoscopio

 jamones

 inyección

 quesos

 enfermera

 carne

 algodón

 chico

 tirita

 flores

 señora

 cuento